くり返し読みたい
ブッダの言葉

山川宗玄（正眼寺住職）
画　臼井 治

はじめに

仏教の教えが説かれたのは、紀元前5〜6世紀。ブッダの入滅《にゅうめつ》後、その教えが弟子たちによって経典にまとめられ、全世界に広められていきました。

本書では、その経典の中でも原始経典と呼ばれる『ダンマパダ』『スッタニパータ』を取り上げて、私の体験したことや聞いた話を織り交ぜながら解説しました。

ブッダは相手のことを思い、その人が本当に必要としていることを、その人に合った言葉で説く「対機説法《たいきせっぽう》」を行っていました。この本でも、皆さん一人ひとりのそれぞれの心に響けばありがたく思います。

慈愛に溢れ、力強くもあるブッダの言葉を、日本画家・臼井治先生に独自のイメージで描いていただいた絵とともに、じっくり味わってください。

正眼寺《しょうげんじ》住職　山川宗玄

目次

第二章　毎日を穏やかに過ごす

第三章　しがらみから自由になる

第四章　人付き合いをしなやかにする

第五章　本当の幸せをつかむ

第一章

正しい心を持つ

何気ない一言が時に尊いもの

千の無益な語句よりも、聞いて心の静まる有益な一つの語句のほうが優れている。
（ダンマパダー一〇〇）

小学校を卒業するとき、担任の先生が寄せ書きに記してくれた「らしく、ぶるな」という言葉が、50年以上経つ今も私の心に残っています。そのとき、先生は私たちに、「中学生らしく、中学生ぶるなよ」と言い添えました。

その後、先生に言葉の真意を尋ねたいと思いながら、再会の機会もないまま先生は亡くなられてしまいました。

以後、私はこの言葉をよく

思い出します。雲水[※]になれば「雲水らしく」。今、短大の学長になれば「学長らしく」。「ぶって」はいないだろうかと。先生の真意はこのように「考えよ」ということだったのではないでしょうか。
　当時まだ大学を卒業したばかりで若かった先生にとっては、役目上の一言だったのかもしれません。しかし、私には尊く、大切な一言となったのです。

※修行僧のこと。

純粋さこそが真の力

他人から尋ねられてもいないのに、自らが戒律や道徳を守っていると言いふらすのは「下劣な人」である。（スッタニパータ782）

昔、非常に物覚えが悪い修行僧がいました。その僧はあるとき、「何をやってもうまくいかない自分にできることは、陰から皆の修行を助けることだ」と思い立ちます。そして、自身の休む時間を割いて、人知れず皆の使うものの洗濯や手入れをするようになりました。そのような修行を20年以上続けた結果、ついに大悟徹底※し、道場の跡取りにまで選ばれたのです。「陰徳《いんとく》を積む」とはまさにこのこと。人に良く見られようということではなく、ただ「皆のために」と行動する。「至純《しじゅん》」とも言えるその清らかな心こそが、この方自身の道を切り開く原動力となったのです。

※あらゆる煩悩から離れ、悟り切ること。

ただ受け入れる生き方こそ

恨みを抱く人々の中にいても恨むことなく、我々は大いに楽しく生きていこう。（ダンマパダ－97）

どんな人も、恨みや妬みなどの負の感情を抱くことはあるものでしょう。そういった感情に悩まされている人に知ってほしいのが「現成受用《げんじょうじゅよう》」という言葉。今起きている出来事は、人間ではなく、仏の世界によって仕組まれたものであり、私たちはそれを受け入れるしかないという意味です。

たとえば大根は、しょうゆや砂糖、からしなど、与えられた調味料や他の食材の出汁をすべて受け入れ、それらの味を損なうことなく独特なおいしさを生み出します。そんな大根のような生き方をすれば、人生に大いなる味が出るのではないでしょうか。

「徳」の香りは自然に広がる

花の香りが風に逆らって進むことはないが、徳のある人の香りは、風に逆らっても進む。
（ダンマパダ54）

人が持つ「徳」というものは、その人が特別に何かをせずとも、自然と周りの人の心に伝わっていくものです。

私の友人のある住職の話です。彼は一時期、時おり訪れる檀家の老婦人の話し相手になっていました。と言っても、具体的なアドバイスをするわけでもなく、ただ相槌を打って聞いていただけ。

しかし、この老婦人は住職にこれ以上ない感謝の気持ち

を抱き、亡くなられた後に、それを形にして残していたことを、住職は遺族から知らされました。

話をただ真正面から受け止める。これは、実はなかなかできることではありません。

老婦人は、住職に自分の話をすべて受け止めてもらうことで、心を整理し、浄化していくことができたのでしょう。

これこそ、徳のある人の香りのなせる業《わざ》だと言えます。

人の役に立つことが、仕事の本分

利益を求めて学ぶのではない。利益が得られなくても、怒ってはならない。

（スッタニパータ854）


働くことの本分が、利益第一になってはいけません。

蜂は、花の蜜を吸います。そして、そのときに体についた花粉を、次の花のめしべに運ぶ。花は、蜂のこの働きによって受粉しています。

蜂は花から自らの食料を得ながら、花を害することなく子孫を残すのを助け、生態系を守るのです。さらに、人間にも蜂蜜をもたらしてくれます。

商人の心得に「売り手よし、買い手よし、世間よし」の「三方よし」という言葉がありますが、まさに蜂の働きにはこの言葉がぴったりです。

利益というのは、他の役に立った結果としてついてくるものなのです。

正しい道とは、生きにくい道

恥を知り、常に清らかさを求め、執着を離れ、真理を見て過ごす者《ひと》は、生活し難い。
（ダンマパダ２４５）

「正しい道を求め、清らかに暮らす人は、生きにくい」という意味の言葉です。正しい生き方なのに、お釈迦様はなぜ「生きにくい」と言ったのでしょうか。

一つには、そういう人は世間には受け入れられにくく、理解されにくいからでしょう。

ただ単に悟りを求めて一人で山奥にこもるだけなら、ある面、気楽な生き方と言えるかもしれません。ところが、

お釈迦様はそのような生き方には否定的でした。
　お釈迦様は、「自分が悟りの境地に至ったなら、自分だけではなく、他の人が一人でも多く悟りを開けるように努めなさい」と説いています。
　そのような生き方はきっと楽な道ではないはずです。しかしそこには、まさにお釈迦様の大切にしていた慈愛の心が表れていると言えるでしょう。

すべての生命への慈しみを

一切の生きとし生けるものは、幸福であれ、安穏であれ、安楽であれ。
（スッタニパーター４５）

40年ほど前、私が雲水だった頃、※托鉢《たくはつ》をしていたときの話です。ある家から、身体の不自由な老婆が出てきました。彼女は「本当はお盆にのせて渡さないといけないけど、こんな身体だからごめんね」と言って、左手に握りしめた喜捨《きしゃ》のお金を出してくれました。すると、一緒にいたお孫さんらしき女の子もそれを見て「私も」と言い、自分の小遣いであろう五円玉をポケットから出してくれたのです。

あまりのありがたさに、そのときの私は涙が出そうになりました。純粋な慈しみの心には、言葉にならない尊さがあるのです。

※雲水が諸国行脚の姿で家の前に立ち、経を読んだり、口上で呼びかけたりして施主からの供養の米やお金を受けて回る修行。

全身全霊で因果を見通す

賢者は行為をあるがままに見て、その因果を熟知している。
（スッタニパータ653）

私の雲水時代、約2年間にわたり正眼寺がテレビの取材を受けました。その最中の臘《ろう》※八大接心《はつおおぜっしん》のときの話です。

臘八大接心では、過酷さがピークとなる最終日の深夜、皆でうどんを食べる「うどん供養」を行います。

その際、取材陣の中でただ一人立ち会うことを許されたカメラマンに行事の説明をする中で、私は「私の経験上、直日《じきじつ》（指導役）の僧がうどん

※8日間を1日に見立てて、ひたすら座禅を組む修行。「命取りの接心」とも言われる厳修行で、正眼寺では毎年1月に実施される。

を食べる雲水たちの様子を見て、それまでの厳しい表情を一瞬だけ和らげるはず」と何気なく言いました。
　すると彼は、うどん供養の様子全体を撮っていたカメラを、ここぞという瞬間に直日の方へ振り、ほんの1秒程度の表情の変化を見事にとらえたのです。
　これぞ、全身全霊で因果を見通す「プロの目」だと実感した瞬間でした。

「善」とは人が喜ぶこと

善行は急げ。悪事からは心を遠ざけよ。善行をするのにのろのろとすれば、心は悪事を楽しむようになるからである。（ダンマパダー一一六）

「善」とは、「他の人を楽にしたり、人を喜ばせること」を言います。だから急いで行うように、とお釈迦様は説いているのです。そして、善行は次の善行を生み、自分に返ってくるものです。

ただし、「人のため」は簡単なことではありません。よかれと思っても、相手にとってはお節介ということもよくあります。人を喜ばせるには、その相手のことをしっかりと理解していなければならないのです。

人の世は、お互いに生かし生かされ合って成り立っているもの。それがわかれば、自然と「他のために」という思いで日々を過ごせるでしょう。

横断中

悪口は自分自身を叩き割る斧

人は生まれながらにして、口の中に斧を持っている。愚者は悪口を言うことで、その斧によって自らを斬り裂く。（スッタニパータ657）

あるとき、お釈迦様が他宗の者に悪口を浴びせられました。しかしお釈迦様は、黙ったままで相手が言い終わるのを待つと、「あなたは弓を射たことがありますか？」と問いかけ、次のような話をします。

矢を天に向けて放っても、受け取る人がいなければ真下に落ち、自分に当たる。同じように、あなたが私に悪口を言っても、私がそれを受け止めなければ、その矢はあなたに向かうことになるのだと。

つい悪口を言いたくなったら、一呼吸おいてみましょう。そうすれば、「この悪口こそ、自分を傷つけるものだ」と気づくことができるはずです。

わずかな隙が道を閉ざす

悪を軽んずるな。水が一滴一滴としたたり落ちれば、いつか水瓶も満たされるのである。
（ダンマパダ－121－）

「魔が差す」という言葉があるように、どんな人も気が緩むことはあるものです。

　私の雲水時代の先輩で、あるとき他の寺から後継ぎの話を受けて有頂天になってしまい、後輩から見ても目に余るほど修行を怠るようになった人がいました。

　ところが、それから待てども待てども、後継ぎを迎え入れる※拝請人《はいしょうにん》が来ません。

　その人は、後継の話が本当

※禅宗の寺の行事の主催者や寺院の後継者の正式な要請。

だったのかと少しずつ不安を募らせていきました。そして、やがて自暴自棄になり、私たちの制止も振り切って、逃げ出すように道場から出て行ってしまいました。
しかし、なんとその翌日、正式な拝請が来たのです。もちろん、当人がいないので話は破談になりました。
小さな心の隙は、いつか自分の道までも閉ざしてしまうことがあるのです。

失敗したら根本から考え直す

一度悪い行ないをした人でも、善行によってつぐなうならば、その人は雲から離れた月のようにこの世の中を照らす。（ダンマパダー７３）

「なぜあんなことをしてしまったのだろう」と、自分の言動を後悔した経験は、誰にでもあるでしょう。しかし、そうした失敗は次の行動で取り戻すことが可能です。失敗が生かされて、成功につながるのです。

ところが現代人は、「失敗を改める力」が衰えているのではないでしょうか。何にでもすぐに答えを出してしまうコンピューターによって、我々は考える力や忍耐力を奪われているのかもしれません。

自分が間違いや失敗を犯したら、自分のしたことを、表面的ではなく根本から見直してみること。これが、我々の取るべき生き方でしょう。

正しい人とともに生きる

聖者に会うのは善いことである。彼らと共に住むのは楽しい。
（ダンマパダ２０６）

お釈迦様は、正しく生きる人とともに過ごすことの素晴らしさを説いています。

サイパン島で、現地の知人の車に乗せてもらい、各地を慰霊して回っていたときの話。

その人は途中で車を停め、現地の少年たちが路上で棚に並べていたマンゴーの実を袋一杯買ってきました。普通、そのように売っているマンゴーを買うのは観光客で、現地人はほとんど買いません。

しかしこの人は「彼らは本当に貧しいので、採った果物を売って学費の足しにしている。だから、いつも応援のつもりで買っているのです」と言いました。公平になるようにと、できるだけ色々な子から買うようにもしているそうです。

必死に生きようとしている人たちを支え、応援すること。これこそ、彼の喜びであり楽しみであるように見えました。

密度の濃い年齢の重ね方を

頭髪が白くなったから長老なのではない。ただ年を重ねただけならば「いたずらに年老いた人」というだけのことである。（ダンマパダ260）

木は、一年に一つずつ年輪を重ねていきます。見かけ上は太く立派でも、成長が早く、年輪の幅が広い木は密度が低く、強度も弱いものです。

人も同じです。同じ一年でも、怠けてダラダラ過ごすのと、積極的に色々と経験しながら過ごすのとでは、その密度は全く違います。それが何年も積み重なると、人としての心の強さや深さに大きな差が生まれるのです。

見かけだけ立派になるのではなく、密度の濃い人生を送ることで、深みのある、後世に何かを残せるような人を目指したいものです。

ブッダの弟子① 舎利弗《しゃりほつ》

たくさんいたお釈迦様の弟子の中でも、特に有能だった10人の弟子は「十大弟子」と呼ばれ、現在もよく知られています。

十大弟子の一人である舎利弗は、10人の中でも特にお釈迦様からの信頼が厚く、「智慧第一《ちえだいいち》」とも称されていました。

日本でも親しまれている般若心経の一説に「舎利子《しゃりし》 色不異空《しきふいくう》……」という箇所がありますが、この「舎利子」は舎利弗のこと。般若心経は、お釈迦様が舎利弗に説法している形式のお経なのです。

お釈迦様の弟子として有名な舎利弗ですが、元々は他の精神的な指導者に師事していました。

アッサジというお釈迦様の弟子との出会いが、大きな転機となります。「この世にあるすべてのものは、原因があって生じている」というお釈迦様の教えの一端を聞いて目が覚めたように心を打たれ、弟子入りを志願したのです。

兄弟弟子の目連とともに弟子入りすると、その後さらに２５０人の修行仲間もお釈迦様に師事し、出家したと言われています。

第二章
毎日を穏やかに過ごす

今すべきことをきちんとこなす

起きるべきときに起きず、若くて力があるのに怠けていて、意志も思考も弱い者は、知慧《ちえ》によって道を見出すことができない。（ダンマパダ280）

誰にでも、そのときの気分や体調によって、どうにもやる気が起きないことはあります。しかし、「今日くらいサボっても……」という気の緩みが重なると、いつしか解決どころか手にも負えない問題となるものです。

重要な修行の一つである掃除も、怠ればその分だけ塵《ちり》がたまり、どんどん大変になっていきます。反対に、毎日行っていれば、落ち葉を数枚拾うだけでも十分にきれいになるのです。

「今すべきこと」は決して大変なことではありません。当たり前のことを、毎日欠かさず丁寧にこなすのが、もっとも肝心なことなのです。

比べて生きることをやめる

自分と他人とを比べて「優れている・劣っている・同じ程度だ」などと思ってはならない。
（スッタニパータ9－8）

禅には、「人々具足《にんにんぐそく》、箇々《ここ》円成《えんじょう》」という言葉があります。各々が仏性を具《そな》え、完成された存在だという意味です。

あるとき、寺の浴頭《よくじゅう》（風呂当番）が私に言いました。

「昨日、薪をくべていたら、傍にとまっていたカメムシが移動してきて、釜のふちに触れてあっという間に燃えてしまいました。人生、一寸先は闇だと思いましたので、油断なく修行します」と。

彼は、カメムシが事故で死んでしまったと解釈し、それを教訓にして油断なく生きたいと言ったのです。もちろん、それはそれで良い心がけです。
しかし、カメムシはその生命の灯火が消えかけたとき、自然に暖かい方に引き寄せられ、その一生を立派に完結させたのだとも言えるでしょう。
とすれば、自己と他者との生き方の比較には、意味がないことがわかるでしょう。

言葉がなくても伝えられる

欠けているものや足りないものは音を立てるが、満ち足りたものは静かなものである。

（スッタニパータ721）


知人の母親が百歳を迎え、地域から表彰されたということで、会いに行ったときの話。

この女性は、声をかけてもわからないような状態でした。

しかし、「儂のことがわかる？」と聞くと、何気なく握っていた左手が、かすかに動くのを感じました。そこで「さっき読んだお経を聞いてくれた？」とまた声をかけると、ピクリと薬指が動くのです。

「百歳、おめでとう」「良い

人生だったね」と続けると、その都度薬指で「うん、うん」と答えてくれます。

最後に私は「今日は来てよかった。会えて嬉しかったよ」と言いました。すると「忙しいのによく来てくれたね。でも、私は先に去《い》くからね」と、その方の言葉にならない言葉が私の心に届きました。

口で言葉を語れずとも、静かに、しかし十分に、思いは伝わるものなのです。

自分なりのぶれない軸を持つ

沈黙している者も非難され、多く語る者も非難され、ほんの少し語る者も非難される。この世の中に非難されない者はいない。（ダンマパダ227）

私たちは日頃から、他者を批判するさまざまな言葉を耳にします。あなた自身もこれまでに、批判の矛先を向けられた経験が多かれ少なかれあると思います。

何か行動を起こせば、必ずそれを良く思う人とそうでない人が出てくるものです。何をしてもどこからか非難されるのは、この世の常です。

大切なのは、他人に振り回されず行動すること。そうすれば、非難されても素直に成長のためのヒントとして受け止めることができ、必要以上に気にすることもなくなるでしょう。

譲る気持ちが平和をつくる

真実を語れ。怒るな。求められたら、乏しい中からでも与えよ。これらの三つをなすことによって神々のもとに行けるだろう。（ダンマパダ２２４）

ある人類学者から聞いた話です。

オーストラリアの先住民アボリジニは、その約５万年の歴史の中で、５００ほどあった部族同士での戦争が一度もなかったと言います。その背景には、「自分たちにとって一番良いものは、自分たちが使うのではなく見も知らぬ客のためのもの」という、崇高な哲学があったそうです。

お釈迦様は、他人に与える「布施《ふせ》」の心の大切さを説いていますが、アボリジニのこの哲学はまさに究極の布施と言えるでしょう。譲る気持ちは、自分の心にも余裕をもたらし、世の中の平和につながるのです。

他人の言動を気にしない

他人のしたことや怠ったことを見るな。ただ自分が何をし、何を怠ったのかを見よ。
（ダンマパダ50）

他人があれをした、これをしたということに心を煩わせるのではなく、「自分がしたこと、しなかったこと」を見ることが大切だと、お釈迦様は説いています。

禅宗の五祖である弘忍禅師《ぐにんぜんじ》は、後継者を選ぶため、悟りの心境を偈《げ》（詩）にして読むように弟子たちに言いました。

そこで弘忍禅師に認められたのは、まだ新参で米つきをしていた行者《あんじゃ》※の慧能《えのう》でした。

※寺で雑用をする者。このとき慧能はまだ弘忍禅師の弟子ですらなかった。

慧能の偈は、「悟り（菩提）は樹のようにかたちのあるものではない。心も鏡ではなく無色透明なもので、もともと何もない。そこになぜ埃《ほこり》がつくだろう」というもの。この「もともと何もない」という考え方を、「本来無一物」と言います。

本来心はかたちのあるものではないのだから、他人の言動があなたの心を乱すこともないはずなのです。

「忙しい」を充実と思わない

叡智《えいち》ある人は、激しい望みを抱くことなく、作為が存在しない。あくせくすることもなく、いかなるときにも安穏でいる。（スッタニパータ953）

「忙しい」という漢字は、「心を亡くす」と書きます。

お釈迦様の法話に、鏡に映る自分の顔ばかり見ていた男の話があります。男はある日、鏡を見た際、その鏡が裏返しになっていることに気づかずに「自分がいなくなった！」と大騒ぎしたと言います。

心を亡くすというのは、鏡に映る自分を本当の自分だと思い込んだこの男のように、本来の自分を見失うということ。こうなると、普通なら当然気づくようなことでも、気づけなくなってしまうものです。

日々すべきことが多くても、自分を見つめ直す時間も大切にしましょう。

どんなものにも意義がある

人々が楽しまないところでも、欲望のない人々は楽しめる。彼らは快楽を求めないからである。
（ダンマパダ99）

昔、あるところで一人の旅人が、宿を見つけられずさまよっていました。彼は、飢えと喉の渇きで疲れ切って、いつしか夜中の野原で意識を失って倒れてしまいます。

無意識に動かした手に冷たいものが触れ、目を覚ましました。真っ暗闇の中、周囲を手で探ると、水の入った器のようなものを見つけます。彼はその水を必死に飲み、また眠りに落ちました。

ところが、夜が明けて旅人がそこに目にしたものは、泥水が入ったしゃれこうべでした。一瞬、旅人は心底驚きます。もし見えていたら、その中の水を飲むのをためらっていたかもしれません。しかし、これこそ自分を救ってくれたのだと気づき、ただただ感謝して手を合わせました。

普通なら見過ごしてしまうようなものこそ、実はかけがえのないものなのです。

今の環境に執着しない

子のある者は子のことで悩み、また牛のある者は牛のことで悩む。

（スッタニパータ34）


ある寺で、本山から行事のために寄付を求められたときの話。

その寺の老師は、寄付帳にさっと金額をしたためました。その場にいた納所《なっしょ》（会計係）の和尚は、その金額を見て驚嘆します。「そんなに寄付したら私たちは食べていけません」と慌てる和尚に対して、老師は一言、「そうか、食えないか。食えなんだら食うな、だな」と返したそうです。

今、自分のいる環境は「自分のもの」ではありません。それを失うまいと執着するから、「悩み」が生まれます。老師の心には、本山のために出せるものは精一杯出そうという、素直な気持ちがあっただけなのです。

自分をよく見つめること

賢い人は、人生の区分の三分の一だけでも、慎んで目ざめている。
（ダンマパダー157）

インドには、「四住期《しじゅうき》」という考え方があります。人生を「学生期《がくしょうき》（勉強をする）」、「家住期《かじゅうき》（家庭を持ち、子孫を残す）」、「林住期《りんじゅうき》（森に住み、修行をする）」、「遊行期《ゆぎょうき》（乞食遊行する）」の四つの時期に分けるものです。

表題のブッダの言葉は、「林住期」と「遊行期」にあたる人生60年のうちの最後の20年だけでも、人生の総仕上げとして本当の自分に目覚めて生

きよという教えです。現代なら、一般的には仕事を引退してからの時期に該当すると言えるでしょう。
　学び、働き、子どもを育て……と、色々なことに追われる日々がひと段落し、やっとじっくり自分と向き合う時間ができるのです。
　時間や他者にとらわれない時期を有意義に過ごし、心から「良い人生だった」と思えるように仕上げたいものです。

理性を働かせるには息を吐く

聖者は、怒らず、恐れず、誇らず、後悔するような行いをせず、よく思慮し、そわそわすることなく、言葉を慎しむ。（スッタニパータ８５０）

人は感情的になると、理性を働かせるのが難しくなります。感情に任せた言動は、あまり良い結果を生みません。そうしたとき、私たちの呼吸は「ハアハア」とか「ゼエゼエ」といった浅いものになっています。

そんなときは「坐《すわ》りなさい」と、お釈迦様は言われます。坐るとは、座禅をすること。座禅で一番重要なのは、上手に息を吐くことです。

常日頃、強い感情が湧き上がってきたら、ゆっくり息を吐いて深呼吸しましょう。すると頭がすっきりして、理性が蘇ってくるでしょう。それでこそ、自分の本来の能力を発揮できるものなのです。

喫茶去

悪い感情は、自分の心が生む

貪欲や嫌悪は自身から生まれる。好き嫌いや恐怖心は、自身から生まれる。
（スッタニパータ２７１）

スイスで行った接心《せっしん》[※1]に、あるとき日本人の女性が参加していました。その女性はスイス人の男性と結婚していましたが、関係が悪化し、離婚を考えていたようです。

何回かの参禅[※2]で先にも述べた「本来無一物」の話をしているうち、その女性は突然泣き出しました。そして私に「何もないのですね」と何度もくり返し言うのです。その言葉を聞き、私は「もう大丈夫。

※１：一定の期間、昼夜を問わず絶え間なく座禅する修行。
※２：師と一対一で禅問答を行う修行。

この人は離婚しないだろう」
と確信しました。
　本来、心とは煩悩も雑念もない真っさらなものです。その女性は、自分自身を苦しめているエゴを知り、そして、せっかく出会い、結婚した夫との深い縁を捨てることの愚かさに気づいたのでしょう。
　あなたも、愚かな心（エゴ）に振り回されていないか、自分を見つめ直す機会を持つようにしましょう。

孤独でこそ、自己と向き合える

一人坐し、一人臥し、一人歩み、なおざりになることなく、自らを慎んで守り、林の中で一人楽しむ。(ダンマパダ305)

修行の世界は、いつでも孤独なものです。たとえ共に修行する仲間がいたとしても、常に自己と向き合い、自己を制御するのが修行です。

唐の時代に生きた百丈禅師《ひゃくじょうぜんじ》という僧が、「この世で最もありがたいものは何か」という弟子の問いに「独坐大雄峰《どくざだいゆうほう》」と答えました。つまり、「この山で私がただ一人、座禅をしていることだ」ということです。

ある宇宙飛行士が宇宙から地球を見て「自分は宇宙にただ一つの尊い命」だと強く感じたと言います。きっとそれも同じ境地なのでしょう。

修行や人生は、この「只一人」の自分を確立するところに行き着くのです。

生かされている喜びを知る

「われらは、ここにあって死ぬはずのものである」。このことわりを知る人々があれば、争いはしずまる。

（ダンマパダ6）


人生には、悪いことが重なり、追い詰められて、「生きているることがつらい」と思うようなことがままあります。

しかし、そもそも「生きている」と考えることが間違いです。自然の中に太陽の光があり、酸素があり、食料となる生命がある。これは、「天から生かされている」ということに他なりません。

野生のシマウマは、天敵であるライオンに狙われれば、

必死の形相で逃げます。しかし、追いつかれ、喉《のど》に食いつかれた瞬間、ふっと穏やかで崇高な表情に変わるそうです。
　その生命が絶えるまでは全力で生きようとし、最期の瞬間は潔く受け入れる。これが、自然の摂理を生きる生命のあり方なのでしょう。
　だからこそ、与えられた生命に感謝し、毎日を丁寧に過ごすことが大切なのです。

ブッダの弟子② 優波離《うばり》

誰よりも戒律を守り、「持律第一《じりつだいいち》」と呼ばれた優波離は、もともとお釈迦様の故郷の理容師でした。当時のインドにおいて、理容師は、「カースト」という身分制度の中で最も下の、奴隷にあたる身分として扱われていました。

あるとき、お釈迦様が故郷に寄った際、王族の身分の六人がお釈迦様に弟子入りすることになりました。彼らは出家するにあたり、身につけていた高価な装身具などを、それまで尽くしてくれた理容師の優波離に与えます。

しかし優波離は、「あの方々が身分や財産を捨ててまで求める法はどんなものだろう」という思いから、六人の後を追うのです。

優波離を迎えたこの六人は、お釈迦様に「謙虚に仕えてくれた優波離こそ、七人の中で最初の弟子になるに相応しい」と申し出ました。

修行の世界では、仏門に入った順番に上下関係が決まります。当時絶対的であった身分制度を超えて、兄弟子として優波離を推した六人もその後、優波離とともに後世に名を残す弟子に成長します。

第三章
しがらみから自由になる

「自分のもの」という思いを捨てる

「一切の事物は我ならざるものである」と明らかな知慧《ちえ》をもって観るときに、人は苦しみから遠ざかり離れる。（ダンマパダ２７９）

人間は、名前や所属、肩書きを与えられるごとに、その身も立場も自分のものだと思い込むもの。そして、物でもお金でも、一度手にすると失うことを恐れ、失わないためにどうしたら良いかと思い悩みます。

しかし、それはエゴに過ぎません。財産も子どもも、その身や心でさえ、天から一時的に預かっているだけなのです。

お金は使えば手元からなくなるし、子どもは成長すれば自立します。さらには、自分の身体やその死でさえも「自分のもの」ではありません。それを知れば、恐れも苦しみも遠ざかると、お釈迦様は説いているのです。

思い通りにはいかないと知る

「この世の一切は苦しみである」と知れば、人は苦しみから遠ざかり離れる。
（ダンマパダ２７８）

仏教を知る上で欠かせない教えの一つに「一切皆苦《いっさいかいく》」、つまりこの世のすべては苦しみである、というものがあります。一見すると恐ろしいことに思えますが、ここでいう「苦しみ」とは、自分の思い通りにはならないこと。つまり、世の中は思い通りにいくものではありませんよ、という教えなのです。

私たちが落胆したり、イライラしたりする背景には、「物

事はうまくいくはず」という勝手な思い込みがあります。
ですから、物事を成功させるために必死に準備し、相手の理解を得ようと説得を重ねたりしても、良い結果が出なければ、悔しさを感じることはあるでしょう。
しかし、「本来、ダメでもともと」という覚悟があれば、過剰に落ち込むこともなく、すぐ前を向いて次のステップを踏むことができるのです。

「今の瞬間」こそがすべて

聖者は、未来を願い求めることなく、過去を憂えることもない。
（スッタニパータ８５１）

人は、未来を願い求め、過去を反省したり基準にしたりして行動します。つまり、「将来、こうならなければならない」、「昨日までこうだったから、これからもこうあるべき」という思いが、現在の行動の根拠になるのです。しかしお釈迦様は、「人の一生とは、一息の間である」と説きました。昨日も明日もない、「一つ息をする今の瞬間」こそが本質だということです。息は、体の中の空気を吐く、つまり捨てるから新しい空気を吸えます。何事もこれと同じで、今を捨てるからこそ次が訪れるのです。過去や未来にとらわれると、失うことを恐れ、日々迷わされることになるでしょう。

自分の言葉にとらわれない

「わたくしはこのことを説く」という執着がわたくしにはない。
（スッタニパータ837）

お釈迦様は、自分が説くことについて、執着がないと言っています。なぜなら、説くのは人のためだからです。

自分の思いや主張を理解させようということではなく、相手を見て、その人に必要なことを、その人に伝わる言葉で説くのです。極端に言えば、別の人に同じことを聞かれて、全く反対のことを説く場合もあります。

それは、自分を主体として世の中を見ていてはできないことです。相手のためなら、どんなことでも説く。どんな言葉でも使う。このような気持ちを抱いていることが、本当に相手を想うということなのです。

尽きることない我欲を抑える

おびただしい富や黄金、食物のある人が、一人おいしいものを食べるなら、これは破滅への門である。
(スッタニパーター02)

貪欲は、苦しみを生みます。しかし、「世の中をより暮らしやすくしたい」という欲が、文明を生み、育ててきたのも事実です。

貪りの欲と、人類を発展させてきた欲には、「我欲」と「無我の欲」という違いがあります。この違いをよく認識しておくことが大切です。無我の眼を持っていれば、心に余裕が生まれます。その余裕から生まれるのが無我の欲です。

強い我欲は、満たされることなく、次から次へと求める気持ちがあふれ出ます。結果的に、得られない苦しみ、失う恐怖に苛《さいな》まれ、破滅の道をたどることになるのです。

まずは、自分にとって余分なものを冷静に見つめ、必要以上を求める気持ちをなくすこと。すると自然に、世間に足りないものと、自分が与えられるものに目を向けられるようになるでしょう。

絶対的な正しさは存在しない

人は自分の優れていると思う見解を「最上のもの」だと考えて、他の見解はすべて劣ったものとみなす。（スッタニパータ796）

人は、一度「これが正しい」と判断したことは、無意識のうちにそれが絶対だと思い込みがちです。そうなると、それについての他人の意見が自分と異なれば間違いと決めつけ、ついにはそれが争いの種になります。国同士の戦争も、絶対的な正義と悪があるわけではなく、双方「自分が正しい」と思っているものなのです。

自信は大切ですが、過信になってはいけません。何事も、「これが本質的に正しい」とは言えないはず。これは仏教の根本理念でもあります。

それを知れば、いつも謙虚な姿勢でいることができるでしょう。

罵りは菩薩からの慈悲

「彼はわれを罵った。彼はわれを害した」という思いに執着する人には、恨みは息《やす》むことがない。
（ダンマパダ3）

他人から罵声やひどい扱いを受けたときに、恨みを抱かずにいられるでしょうか。菩《ぼ》薩《さつ》願《がん》行《ぎょう》文《もん》という和《わ》讃《さん》（お経）に、こんな一説があります。

「たとえ誰かが厳しい敵となって我を罵り、苦しめることがあっても、それは姿を変えた菩薩の大慈悲である」

人類には、数百万年にもわたる歴史があります。その中で、他の生命を害したり、人間同士で殺し合ったりしてき

た積み重ねの上に、現在の私たちの生命があるのです。
安穏と生きていれば、その厳然たる事実には思い至らないでしょう。そこで、罵りや苦悩を受けることによって、その業《ごう》に気づき、罪を償っていくことになるのです。
罵られたら、※無明の世からの業を償わせてもらえる機会だと思えば、むやみに心を乱されず、穏やかでいられることでしょう。

※煩悩にとらわれて真理に至ることのできない状態。

すべてを捨てた人の足元は明るい

我々は一物をも所有していない。大いに楽しく生きて行こう。光り輝く神々のように、喜びを食《は》む者となろう。（ダンマパダ200）

唐の時代の禅僧が、「すべてを捨て去った者は、両手を空けて提灯《ちょうちん》で前を照らしながら夜道を歩いているようなものだ」という話を残しました。

電灯もない時代、夜道は提灯で前を照らさなければ歩けませんでした。両手にものを持っていれば自分で足元を照らせず危険です。片手に提灯を持っても、もう片方の手にものを抱えていれば、提灯を持たない方の足元は照らせないため、やはり危険なのです。

余分なものを抱えると、このように危険や懸念を生むだけです。捨てることを知れば、心配事も少なく、大らかに楽しく生きていけるでしょう。

行動次第で評価が決まる

生まれによってバラモンとなるのではない。行為によってバラモンになるのである。（スッタニパータ650）

ヨーロッパから日本に修行に来て、以来30年以上縁の続いている僧侶がいます。彼は日本の文化を学びながら、禅の修行を何十年もしてきました。そんな彼でさえ、あるとき私に「自分は日本という国と禅を外から眺めていただけで、理解することは到底できないと気づきました」と言いました。この謙虚な気持ちこそが、深く日本文化に踏み込んだということの表れです。これは生粋の日本人でも、容易に到達できる境地ではないでしょう。その意味で彼は、日本人よりも日本人らしくなってきたと言えます。

人は生まれではなく、その行動や考えによって、あり方が決まるのです。

自分の主は自分だけ

自己こそ自分の主である。どうして他人が自分の主になりうるだろうか？
（ダンマパダー160）

「困ったときの神頼み」という言葉もあるように、人は苦しいとき、何かに頼ります。しかし、頼られる典型とも言われるお釈迦様は、自ら人を救うことはないと言います。

唐の時代の瑞巌禅師《ずいがんぜんじ》は毎日、自らに「主人公よ」と問うて「はい」と答え、「目覚めているか」と問うて「はい」と答え、さらに「騙されてはいないだろうな」と問うて「はい」と答えていたそうです。

弟子たちはその様子を見て発奮し、修行に励んだと言われています。自己に問いかける姿を弟子たちに見せることそのものが、瑞巌禅師の指導だったのです。

自分の道を切り開くのは、あくまでも自分自身。とすると、先入観や偏見にとらわれた感覚も、自分で乗り越えていかなければなりません。

それこそが、「目覚める」ということなのです。

怒りは膨らむ前に沈める

蛇の毒が身体に広がるのを薬で抑えるように、怒りを制する修行者は、この世とかの世とをともに捨て去る。（スッタニパーター）

怒りという感情は、誰にとっても身近なものです。

お釈迦様は怒りが膨らむ様子を、蛇の毒が身体中に広がる様子に例えました。そして、怒りが心を蝕《むしば》む前に抑えることのできる人は、過去も未来も捨てて今現在を生き切ることができると言っているのです。

とはいえ、一度怒りを感じると、自分の精神で抑えるのはなかなか難しいもの。そこで大事なのは、先にも書いた通り、息を吐くこと。息とともに、過去や未来のしがらみも吐き出すのです。カチンときたら〝いま〟息を吐いて深呼吸。身体を整えれば、自然と精神もついてくるものなのです。

中身があって外面が生きる

愚者よ。螺髪《らほつ》を結うて何になるのだ。かもしかの皮をまとって何になるのだ。

（ダンマパダ３９４）

どんなに高価で荘厳な衣装を身にまとっていても、中身の伴わない人間に、人はついて行きません。

かつて、私の道場の大先輩に、百歳を超えてもなお矍鑠《かくしゃく》としていて、若者と同じくらいの食事や酒も楽しんでいる和尚がいました。

その百歳の内祝いの席で、ある人が「来年も皆で祝いの席を」と提案します。するとその和尚は、一時《ひととき》の間をおい

て「いや、人間、明日のことは誰にもわからない」と厳然たる一言。ただの一言と簡単に片付けられない言葉の重みを、一人ひとりが噛みしめるという一幕がありました。

高価な衣装で飾り立てるのと同様、立派なことを言うだけなら、誰にでもできます。しかし、衣装も言葉も、それに見合うだけのことを成してきた人物であればこそ、深い意味を持つのです。

自分の無知を知るのが賢者

愚か者が自分を愚であると知るなら、すなわち賢者である。愚者でありながら、しかもみずから賢者だと思う者こそ、「愚者」だと言われる。（ダンマパダ63）

物理学の歴史を築いたニュートンは、人類史上最高の天才と言われています。しかし、本人は自身のことを「大海原の砂浜で一つ二つ貝殻を見つけて喜んでいる子どものようなもの」と言ったそうです。

本当の賢者は「自分がいかに無知か」を知っています。だから、中途半端な知識をひけらかすように語るようなことはしません。

人間である限り、「すべてを知る」ことは不可能です。賢者は、それを忘れず、いつも謙虚な姿勢で学ぶからこそ、賢者たり得るのです。

変化を嘆かず、前向きな一日を

「一切の形成されたものは無常である」と明らかな知慧をもって観るときに、人は苦しみから遠ざかり離れる。（ダンマパダ277）

誰でも、年齢を重ねるごとに身体の衰えを感じたり、生まれ故郷が変わりゆく様子を見て、寂しい思いに駆られたりすることはあるでしょう。

しかし、先に紹介した百歳の和尚が、以前こんな話をしてくれました。

〝この歳になると、毎晩寝るときに「これで死ぬんだ」と思う。しかし、朝、目が覚めると「また今日も一日生きなければな」と思うのだ〟と。

毎日、寝る前にはあらゆるものを捨てて、起きたときには今日という日を与えられたことを噛みしめる。すると、変化を嘆くこともなく、より積極的で前向きな一日を過ごすことができるでしょう。

ブッダの弟子③ 周利槃特《しゅりはんどく》

たくさんのお釈迦様の弟子の中でも、最も愚かと言われたのが、この周利槃特でした。簡単なお経も覚えられず、自分の名前さえ忘れてしまったというエピソードが残っているほどです。

あるとき、周利槃特は自分の頭の悪さを情けなく思い、お釈迦様に「私はこのように愚かなので、弟子として務まりません」と言いました。それを聞いたお釈迦様はこう返しました。「それは違う。自分の愚かさを知らない者が本当の愚者であって、自分の愚かさを知るお前は賢者なのだ」と。そしてお釈迦様は周利槃特にほうきを手渡し、掃除をするとき、掃くたびに必ず「塵を払え」の一句を唱えるように諭します。

その日から周利槃特は何十年もひたすら「塵を払え、塵を払え」と掃除に打ち込み、ついに悟りの境地に足を踏み入れました。

たくさんのことを覚えるよりも、一つのことを徹底するのが大切である。お釈迦様は、周利槃特や他の弟子たちに、それを教えたかったのです。

第四章
人付き合いをしなやかにする

他の人に支えられて、人は成長する

徳行と見識とをそなえ、法にしたがって生き、真実を語り、自分のなすべきことを行う人は、人々から愛される。（ダンマパダ217）

以前、正眼短大に、不登校で卒業単位が足りなくなった学生がいました。退学勧告を検討しましたが、両親は「何をしても中途半端だった息子になんとか卒業してもらい、『やり遂げた』という体験をさせたい」と言います。そこで、単位不足の科目の厳しい課題の提出を卒業条件としました。

彼が真剣に課題に取り組み出すと、周りの人が協力するようになりました。彼もそれに発奮し、半年後、見事に課題を完成させたのです。

本気になって物事に取り組んだ結果、いつでも支えてくれる人が身の回りにいるということに気づけたことで、彼は成長したのでしょう。

互いを生かす人間関係を

今の人々は自分の利益のために交《まじ》わりを結ぶ。されど、自分の利益のみを知る人は汚い。
（スッタニパータ75）

お釈迦様は、「人間同士は何かの目的があって付き合うものだ」と言っています。しかし、お互いを生かし合う人間関係を築きたいものです。

ところで、アフリカのサイは、最期を次のように迎えるそうです。

サバンナ地帯は、年に2ヶ月ほどの雨期以外、全く雨が降りません。サイは雨期の終盤に寿命を覚《さと》ると、体を地面に擦り付けるようにゆっくり

と転がり、その地面には大きな窪みがつくられます。すると、その窪みに水が溜まり、束の間ではあるものの、他の動物や小鳥たちの、小さな小さなオアシスとなるのです。
これはおそらく、老年になったサイに虫がつき、それを落とすためにとる行動なのではないかと思いますが、このように自然の行動が結果的に他を生かすことこそ、生命の本来のあり方だと言えます。

悪い友人には関わらない

義ならざるものを見て邪曲にとらわれている悪い朋友を避けよ。貪りに耽り怠っている人に親しむな。（スッタニパータ57）

人間は友人の影響を受けやすいもの。お釈迦様も、「悪い友達と関わるな」と説いています。悪しきことに熱中して、曲がった道を行く人とは必要以上に関わらないほうが良いでしょう。

お釈迦様は、弟子から「私には修行に励む朋友がいます。これは修行の半ばが成就したと言って良いでしょうか」と問われ、こう答えました。

「いや、修行のすべてが成就したのと同じである」と。

友の存在が、人生においてどれだけ重要かが感じられる一言です。心から尊敬できる友人は、一生の宝になるでしょう。

憐れみは相手のためにならない

朋友や仲間に憐れみをかけると、心がほだされ、自分の目的を見失う。
（スッタニパータ37）

ある書物で読んだ話です。

業績不振で、自殺を考えるほど追い込まれた経営者がいました。「もう後がない」と思ったとき、友人から茶室に誘われます。高額の融資を期待して茶室を訪ねた彼を迎えたのは、友人ではなく、掛け軸の「南無《なむ》地獄《じごく》大《だい》菩薩《ぼさつ》」という白隠禅師《はくいんぜんじ》の言葉でした。

しばらくその文字を見るうち、彼は不在の友人の真意を理解します。「今も地獄、逃

げても地獄なら、地獄と相撲をとるくらいの気持ちで自分にできることをしろ。地獄こそ自分を育てる道場だ」と。

その後、彼は心機一転、借金から逃げずに精一杯働き、見事に会社を立て直しました。

友人は、本気で彼を助けようと思うが故に、一時しのぎにしかならない融資という方法を取らなかったのです。

「相手のため」は、時には本人にとって厳しい道なのです。

誠意を持って言葉を発する

人の集まりの中で、他人に対して偽りを言ってはならない。
（スッタニパータ397）

「偽り」という字は、にんべんに「為す」と書きます。「人が為す」で「偽り」。人は嘘を言うのが当然ということになります。とすると、人が他人を疑うのも当然になります。これではいかにも悲しいことではありませんか。

そもそも、言葉で表現するというのは、物事を言葉という枠に収めるということ。すなわち、言葉は物事の輪郭を表すことはできても、ありのままの真実を表現することはできないということなのです。

だからこそ、人と人との関わりにおいては、できるだけ誠実で丁寧な言葉を使うことが大切です。「誠心誠意」という気持ちを心がけましょう。

親への態度は子から返る

自分は豊かで楽に暮らしているのに、年老いた母や父を養わない人、これは破滅への門である。

（スッタニパータ98）


ある方から、こんな中国の4コマ漫画の話を聞きました。

1コマ目で、家で子どもとともに食事をする夫婦と、彼らと同居していながら、他の卓で明らかに質素な食事を与えられているその夫婦の親の様子が描かれます。2コマ目でその老親が亡くなると、3コマ目で、その夫婦は老親が使っていた食器を捨てようとします。しかし、子どもがその様子を見て「捨てないで！」

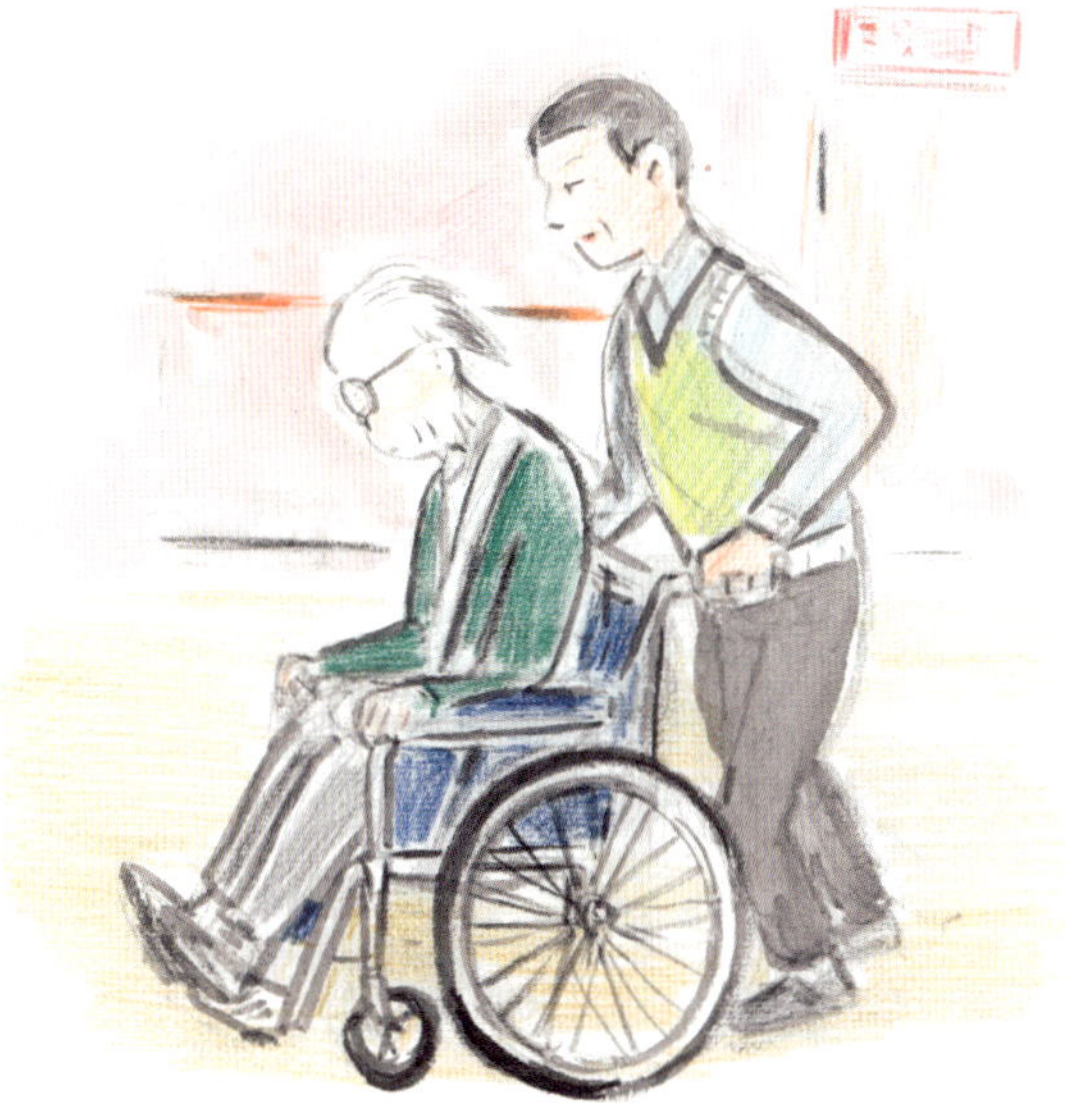

と叫ぶのです。
　理由を聞かれた子どもが、「その食器は、お父さんとお母さんが年をとったら使うんだ」と答えるのが4コマ目のオチとなります。
　子どもは、自分の両親が親とどう接するのかを見ています。親にしたことは、自分の子どもから返ってくるものなのです。親への感謝が行動に表れるような、良い親子関係を築きたいものです。

甘やかすと邪悪な性質を助長する

（彼を）訓戒せよ、教えさとせ。宜しくないことから（彼を）遠ざけよ。
（ダンマパダ77）

イタリアでこんな話を聞きました。希少になった野生の狼が保護動物に指定され、人間に銃で撃たれなくなったときのことです。

それまで、狼は人の目を盗んでその日必要なだけの羊を殺して食料としていました。しかし、保護動物になり、もう人に撃たれないと知った狼は、飢えてもいないのに羊を襲い、何十匹も殺して遊ぶようになったのです。

聖徳太子の十七条憲法の中にも「人、はなはだ悪しきもの少なし。よく教うるをもて従う」とあるように、人を指導する場合にも、一定の厳しさを持ち、甘えを生まないことが大切だと言えるでしょう。

教えは経験に基づく

まず自分を整えたうえで、他人を教えよ。そうすれば、煩わされて悩むことがない。
（ダンマパダー58）

私が隠侍《いんじ》※だった頃、来客の相手をされていた管長老師に呼ばれ、「つかれず」を持って来るようにと言われました。指導役の和尚に「つかれず」とは何かと聞くと、粉末状の酢とのこと。そこで、その袋を持っていくと、老師にすごい勢いで叱られます。
　その後、和尚の指示に従い、皿に盛ったり、白湯に溶かしたりして持っていきますが、その都度叱られました。

※師家（禅宗で修行者を指導する僧）に直接仕えて身の回りの世話をする役職。

何度かの後、これは老師が普段飲まれているものだとやっと思い至ります。そこで、自分がうまいと思えるようになるまで蜂蜜の量や温度を調節して持っていくと、老師は今度は遅くなったことを咎めもせず、それを飲まれました。そして来客に向き直り「あんたもどうかね」と一言。その瞬間、私は何とも言えない感動を覚え、修行への心構えを確立できたように思いました。

恩や愛情は何倍にもして返す

すべての者は暴力におびえ、すべての者は死を恐れる。自分の身と引き比べて、殺してはならぬ。殺させてはならぬ。（ダンマパダー２９）

コーサラ国のマッリカーというお妃が、主人である王とともにお釈迦様のもとを訪ね、こう質問しました。「王様が愛おしいのはもちろんですが、考えれば考えるほど、この世でいちばん愛しいのは自分の身です。これは間違っていますすか」と。お釈迦様はその問いに対し、「私も一緒です。自分の身ほど愛しい存在はない。同じように、他の者も自分が愛おしい。それゆえ、他の者を慈しまないといけないのだ」と諭されたのです。

人間は、受けた恩や愛情を過小に評価しがちです。ゆえに慈悲というのは、ありがたいと思う心を2倍、3倍にして返すことが大切なのです。

厳しいことを言う人こそ宝

罪過《つみとが》を指摘し、過ちを告げてくれる聡明な人に会ったなら、その賢い人につき従え。
（ダンマパダ76）

口出しや批判をされて、「あの人さえいなければ」と思うことはありませんか。しかし強く反対する人こそ、あなたの力を引き出す存在なのです。

ある人から聞いた話です。珍味で知られるナマコは弱りやすく、トラックでの輸送中に大半が死んでしまうため、業者は長い間さまざまな工夫をしましたが、芳《かんば》しい成果は出ませんでした。

そんな中、赤字ばかりだっ

た業者が「これを最後の運送にして、蟹に供養してやろう」と思いました。そしてナマコの天敵である蟹を数匹水槽に入れて運送したところ、目的地に着いても、大半のナマコがピンピンしていたのです。
蟹という天敵が近くにいることで、ナマコの本来持つ生命力が刺激されたのでしょう。
反対に、楽な環境ばかりに身を置くと、本来持つ力を発揮できなくなるものなのです。

人を認め、人の幸せを願う

人を欺いてはならない。軽んじてはならない。苦痛を与えることを望んではならない。（スッタニパーター４８）

お釈迦様は、「他の人を軽くみてはいけない。他の人に腹を立てて、さらにその上にその人の苦しみを望んではならない」と説いています。

人は、自分本位になりがちです。他人に腹を立てると、呪うような思いを抱きます。しかし、その呪いを受け取る者がなければ、どこに行くでしょう。自分に返ってきて、自らの心を黒く染めるだけではないでしょうか。

何事も、自分の目線だけではなく、相手の立場に立って物事を考えてみましょう。そうすることで、あなたが相手に抱く負の感情も、和らいでいくはず。その慈悲の心から、人と人とのつながりは始まるのです。

人の苦しみを我がことと思う

生きとし生ける者は幸せを求めている。
（ダンマパダー3ー）

50年近く前、私の尊敬する和尚が内戦下のカンボジアの難民キャンプを慰問した際の体験談です。

援助物資のパンを配っていると、受け取ったただ一つのパンを、すぐに食べることなく大事そうに抱えてテントに持ち帰る男の子がいました。

気になってテント内を見ると、その子は重傷で動けない子ども達に一口ずつパンをちぎって食べさせていたので

す。和尚は心底感動し、思わず彼を抱きしめたと言います。
そして、和尚はこう思ったそうです。この子はきっと、過酷な環境下で生き残った意味を自分なりに考え抜いた結果、他人が他人と思えなくなり、人の苦しみを我がことのように感じられるようになったのだろう、と。
彼に仏教の根本の義を教えられた気がしたと、和尚は述懐していました。

言葉は本来「言霊」である

実行が伴わないのに、言葉だけ気に入られるようなことを言う人は、「言うだけで実行しない人」である。（スッタニパータ２５４）

言葉は「言霊」だと言えます。いわば、言葉は神の意志とも言えるものであり、それを使うようになったのが人間なのです。

お釈迦様は、「行いが伴わないのに口だけはうまいことを言う、そんな人は、言葉だけで実行しない人だ」と言っています。言葉の本当の力を軽視して、口だけ気に入られるようなことを言っていると、最初は良い扱いをされても、正体がわかるにつれて、相手にされなくなるでしょう。

「不言実行」という言葉もあるように、まるで蟻のように黙々と、自分がすべきことをなす人こそ、信頼されるものなのです。

他を生かす人が尊敬すべき人

諸々の愚者に親しまないで、諸々の賢者に親しみ、尊敬すべき人々を尊敬すること。

（スッタニパータ259）


「尊敬すべき人を尊敬する」というと、当たり前のようですが、「尊敬すべき人」とはどんな人なのでしょう。

人間の赤ちゃんは、あおむけに生まれてきます。これは、他の動物には見られない姿。いわば「何もできないから助けてください」と言いながら生まれてくるようなものです。そして実際に、親は赤ちゃんを守り、育てます。

つまり人は本来、助け守ら

れ、生かされている存在だということです。だからこそ、気を緩めるといつまでも怠けて、与えられるだけの存在になってしまうのです。
　与えるとは、他を生かすこと。与えられるばかりではなく、自分からも与える、このあり方を大切にできる人こそ、「尊敬すべき人」なのです。
　同時にもちろん、あなた自身もそういう存在でいることが大切です。

ブッダの弟子④ 阿難《あなん》

十大弟子の一人である阿難は、侍者《じしゃ》としてお釈迦様に仕え、その教えを最も多く聞いたことから、「多聞第一《たもんだいいち》」と称されます。

25年間にわたって、お釈迦様の身の回りの世話をしながら、その言葉を一言一句聞き漏らすまいとの姿勢で学び続けたのです。

80歳となったお釈迦様は、沙羅の林の中で「北側に枕して休みたい」と言いました。それを聞いて、阿難は師の最期を悟ります。

涙する阿難に、お釈迦様は改めて「すべての生命は必ず尽き、親しい者とも別れのときが来るのだ」と諭し、また長年の感謝を伝えます。そして、これからも怠ることなく修行をするようにと、弟子たちに最期の教えを残すのです。

その後、弟子たちがその教えをまとめる「結集」という会議が開かれることになりました。ところが、阿難は情に厚く、「知」に頼りすぎたため悟りに至っておらず、参加が認められませんでした。

それでも、お釈迦様の教えと自分を見つめ直し、悟りを開き結集に参加したと言われています。

第五章
本当の幸せをつかむ

「足る」を知れば心が穏やかになる

たとえ貨幣の雨が降っても、欲望が満たされることはない。賢者は「快楽の味は短くて苦痛である」と知っている。（ダンマパダー86）

毎月、一定額の収入があり、生活に困ることはない。そんな境遇でも、知人が自分よりも高級な車に乗っていたり、豪華な宝石を身につけていたりすると、「いいなあ」とうらやましくなるものです。

このように、「もっともっと」と思うのは人の世の常だと言えます。しかし、欲望を膨らませると、いつまでも満足することのできない心が苦しむだけです。

「足る」ということを知りましょう。すでに自分が持っているものに目を向けるのです。あなたはすでに多くのものを与えられているのですから。

「何くそ」で困難を越えよ

学びつとめる人々こそ善く説かれた真理のことばを摘み集めるであろう。
（ダンマパダ45）

禅の世界では、「学ぶ」ということは「精進する」ということ。また、「精進」は、「たけくすすむ」と読み、くじけそうになった自分を鼓舞して、猛々しく前に進んでいくという意味があるのです。
正眼寺の先々代の老師は、よく、「『何くそ』という思いがあれば、できないことはない」と言われました。「何？」という疑問に、「負けないぞ」の思いを表す「くそ」という

接尾語をつけた言葉です。
　つまり、起こったことを当たり前と受け止めるのではなく、「この出来事は、自分にとってどういう意味があるのか？」と常に疑問を持ち、学び考え、前に進もうとする。それが、どんな困難に遭ったとしても、「何くそ」という思いでいるということです。
　そして、そんな「学びつとめる人」こそが、困難を乗り越えていけるのです。

自分勝手は自らを苦しめる

恣《ほしいまま》のふるまいをする人には愛執が蔓草《つるくさ》のようにはびこる。林の中で猿が果実《このみ》を探し求めるように、あちこちにさまよう。（ダンマパダ334）

ある果樹農家の人から聞いた話です。「同じみかん園を荒らすのでも、猪は許せるが、猿は許せない」と言うのです。理由を聞いたところ、「猪は取ったみかんをきれいに食べるが、猿は、少しだけ喰っては何個も食い散らかしていくから」ということでした。

生きるために自分の届く範囲のみかんを丸ごと食べる猪に対して、木に登れる猿は、木の上のみかんを好きなように食い散らかします。「自分だけが自由にできる」という思いが、気ままな振る舞いをさせるのでしょう。

自分勝手さは他人の反感を買い、いつか自分を苦しめるものです。

不条理を受け入れることも必要

罪がないのに罵られ、殴られ、拘禁されても耐え忍ぶような、忍耐の力あり、心の猛き人、かれをわれはバラモンと呼ぶ。（ダンマパダ３９９）

縁のあった方に、車の運転中、信号で停車していたら、暴走車に突っ込まれ、亡くなった方がいました。世の不条理を感じざるを得ない話です。因果応報という言葉はありますが、現実には善いことをしたからといって、必ずしも幸せになれるわけではありません。

「仏遺教経《ぶつゆいきょうぎょう》」という経典に「忍《にん》の徳たること、持戒苦行《じかいくぎょう》も及ぶこと能《あた》わざる処なり」という言葉があります。苦難困難を耐え忍ぶことは、戒律を守ることや苦行よりも深い修行になる。そういう思いで不条理を受け入れることも、厳しい世を生き抜いていくためには必要になるのです。

一品を味わうように丁寧に生きる

つとめ励むのは不死の境地である。怠りなまけるのは死の境涯《きょうがい》である。
（ダンマパダ21）

毎朝、私は雲水たちとともに、粥座《しゅくざ》（朝食）として、一つの梅干しと数枚のたくあんを副食にして麦粥《ばくしゅく》をいただきます。質素でも、作法通り一品ずつ味わえば、それぞれの食材の味がよくわかり、実においしいもの。

しかし、時には、自室で粥に副食品を混ぜ込んで、せわしなく食べることもあります。すると、一応は「おいしいな」とは感じますが、一品一品の本来の味を知ることはできなくなるのです。

忙しい日々の中で要領の良さを優先するあまり、その時その時を丁寧に過ごすことを忘れていないか、時々は見直してみましょう。

身体が衰えても心は健全に保つ

泣き悲しむことで利益になるなら、賢者もそうするだろう。
（スッタニパータ583）

禅の修行で、師から「戦いの場で刀折れ、矢も尽きたらどうするか」という厳しい問いを受けることがあります。「素手で戦い、手がなくなっても足があるのなら、足で戦えば良い」というのが応えです。では、「手も足もなくなったらどうするか」。それに対しては「口があるから噛みつけ」というのです。

誰しも年齢を重ねれば、身体が衰え、使えないところが

出てきます。これはいわば、「手足がない」ような状態です。
しかし、身体そのものが自分なのではありません。あくまでも自分は身体を使う「主人公」。ある部位が不自由なら、他のところで補える、という気持ちを持ちましょう。
そうすれば、身体が衰えても、嘆き悲しむのではなく、冷静に今あるものを最大限に生かして、より良い生き方をすることができるでしょう。

小さな一歩を軽視しない

怠りは塵垢《ちりあか》である。怠りを重ねれば塵垢が積もる。つとめ励むこと、また明知によって、自分に刺さった苦しみの矢を抜け。（スッタニパータ334）

体力と精神力を振り絞って、険しく高い山の頂上を目指す登山者は、自分との不休の戦いという点において、修行者に似ていると言えます。ふとから頂上を見上げると、ゴールへの道のりは途方もなく遠く感じるもの。しかし、途中で諦めたくなる心を抑えながら、小さな一歩をくり返すうちに、やがて壮大な景色を眺望できる頂上への一歩が訪れるのです。

人生のあらゆる局面で、今のこの小さな一歩を軽んじて怠れば、何も成し遂げることはできません。「千里の道も一歩から」の言葉の通り、一歩一歩の積み重ねが、深い喜びを生むのです。

学びは実践して初めて意味を持つ

たとえためになることを数多く語るにしても、それを実行しないならば、その人は怠っているのである。（ダンマパダ19）

仏教などの宗教、論語や武士道などの古典、さらには現代の自己啓発書など、古今東西さまざまな教えがあります。教義も主張も多種多様ですが、どれも、読めばそれなりに参考にするところがあるでしょう。

たとえば有名経営者の自伝を読んで「仕事に向き合う姿勢はこうあるべきだ」と学んだとします。しかし、それがあなたの人生に生かされなければ、ただ娯楽で本を読んだのと同じこと。禅の世界でも「実参実語《じっさんじつご》」、つまり自分で実践・体験することが大切だと教えています。

何かを学んだら、まずは自分にどう生かせるかを考えてみましょう。

自分に勝つのが真の勝者

戦場で百万人に勝つよりも、ただ一人の自己に克つ者こそ、じつに最上の勝利者である。（ダンマパダ－103）

「自分に負ける」というのは、年齢や自分の置かれた環境を理由にして、「自分はここまでしかできない」と限界を決めてしまうこと。反対に、目の前の状況を真正面から受け止め、今の自分にできることを前向きに考えて活動することが、「自分に勝つ」ということです。

正眼短大には、80代になってから入学した学生がいます。若い学生と同じことはできなくとも、色々なことを学び、感じられることに喜びを覚えて、充実した日々を送っています。

このゆたかな時代なら、誰でも自分を輝かせる選択肢があるはずです。

ひたすら耐えて待つことも大事

善い報いが熟しない間は、善人でも災難に遭う。しかし善の果報が熟せば、善人は幸福《さいわい》に遭う。

(ダンマパダー20)

※六波羅蜜《ろくはらみつ》の3番目に挙げられているのが、「忍辱波羅蜜《にんにくはらみつ》」。どんな辱めを受けても耐え忍ぶというこの「忍辱」こそ、六波羅蜜の中で一番大事だと言われています。

40年ほど前の厳冬のあるとき、托鉢《たくはつ》に出た私は、草鞋《わらじ》から出た足の親指を捻挫してしまいました。神経を傷めたのか、それ以来、足の親指の感覚がなくなり、湯につけても、揉んでも感覚は戻りません。

※仏の境地に到達するための、布施《ふせ》・持戒《じかい》・忍辱《にんにく》・精進《しょうじん》・禅定《ぜんじょう》・智慧《ちえ》の6つの修行。

その年の長い冬の間、「このままでは修行をあきらめざるを得ないかな」と考えながら僧堂にいました。
しかし、春が訪れ、暖かくなった5月のある日、托鉢をしている最中に、ふと一歩を踏み出すと、足の親指の感覚がなんと一瞬にしてすっと戻ってきたのです。
ひたすら耐えて待つことで、解決できることもあるものなのです。

正しい真理《みち》を知れば苦しみは消える

眠れない人に夜は長く、疲れた人に一里の道は遠い。真理を知らない愚者たちには、生死の道のりは長い。（ダンマパダ60）

眠れない夜は、ことさらに長く感じられるもの。お釈迦様は、それと同様、「真理を知らない人たちには、人生は長くつらいもの」と言っています。真理は、「法」とも表現されます。「法」は、さんずいに「去《い》く」という字。水が流れ行くような無理のない道こそ、真理の道だということです。

しかし人は、見通しのきかない脇道を見て、「あの向こうに楽しいことがあるかも」という思いを抱き、ついそちらの道に逸《そ》れてしまうものです。目の前にあるまっすぐな真理《みち》こそが、あなたの生きていくべき本当の道なのです。

窮したときには変化が訪れる

努力策励《さくれい》し、心怯《ひる》まず、怠ることなく、体力と智力を具《そな》え、犀《さい》の角のようにただ独り歩め。
（スッタニパータ68）

「困」という字は、「木が四角い枠の中にあるといつか成長が止まる」ということに由来します。しかし、その窮地に力を発揮するのが生命というもの。岩の割れ目からそびえ立っている、岩手県の「石割桜」がその好例です。

これはおそらく、昔、岩の小さな裂け目に桜の種が落ちたのでしょう。その隙間の中で根が成長しても、あるところで止まってしまいます。こ

れがまさに先の「困」の状態。
しかし、木の根は先端から岩を溶かす物質を出すと言われており、長い年月をかけて少しずつ岩を溶かしながら根を伸ばしたのです。そしてついに地面に到達し、一気に根を張り、幹が成長して岩を割ったのでしょう。
生命が持つ強い遺伝子は、窮したときに開花します。厳しい場面でも諦めなければ、必ず道は開けるのです。

丁寧な生き方が、幸せをつくる

放逸にふけるな。愛欲と歓楽に親しむな。おこたることなく思念をこらす者は、大いなる楽しみを得る。（ダンマパダ27）

自分勝手に振る舞い、快楽を追い求める生き方は、短期的には楽しく過ごせても、いつか必ず行き詰まるものです。

今以上を求めるのではなく、今あるもので、どうしたらより快適に暮らせるか、より良いものをつくれるかといったことを考える。そのように、さまざまな工夫を凝らして過ごすのが、丁寧に生きるということなのです。

丁寧な生き方のできる人は、災害などのトラブルに見舞われても生き抜く強さがあるものです。そして同時に、そういう生き方をすることが本当の幸せだと、お釈迦様は説いているのです。

［著者］山川宗玄（やまかわ そうげん）

昭和24年、東京都生まれ。昭和49年、埼玉大学理工学部卒業、野火止平林僧堂、白水敬山老師について得度。同年、正眼僧堂に入門。平成6年より、正眼寺住職、正眼僧堂師家、正眼短期大学学長。著書に『「無門関」の教え』、『生きる』（いずれも春秋社）、監修書に『心をつよくする禅語』（リベラル社）など。

［画］臼井 治（うすい おさむ）

日本画家、日本美術院 特待。愛知県立芸術大学大学院美術研修科修了。師は片岡球子。愛知県立芸術大学日本画非常勤講師、愛知県立芸術大学法隆寺金色堂壁画模写事業参加を経て、現在は朝日カルチャーセンターなどで日本画の講師を務める。個展も多数開催。

［参考文献］ブッダの真理のことば・感興のことば、ブッダのことば（岩波書店）、法句経（講談社）、日常語訳ダンマパダ ブッダの〈真理のことば〉、日常語訳 新訳スッタニパータ ブッダの〈智慧のことば〉（トランスビュー）、ブッダ いのちの言葉（永岡書店）など

画　　　　　　　臼井 治
装丁　　　　　　宮下ヨシヲ（サイフォン グラフィカ）
本文デザイン　　渡辺靖子（リベラル社）
編集　　　　　　廣江和也・山浦恵子（リベラル社）
編集人　　　　　伊藤光恵（リベラル社）
営業　　　　　　廣田修（リベラル社）

編集部　鈴木ひろみ・堀友香
営業部　津田滋春・青木ちはる・中村圭佑・三田智朗・三宅純平・栗田宏輔・髙橋梨夏

くり返し読みたい ブッダの言葉

2017年　1月21日　初版
2018年11月27日　再版

著　者　山川宗玄
発行者　隅田直樹
発行所　株式会社 リベラル社
〒460-0008 名古屋市中区栄3-7-9 新鏡栄ビル8F
TEL 052-261-9101　FAX 052-261-9134　http://liberalsya.com
発　売　株式会社 星雲社
〒112-0005 東京都文京区水道1-3-30
TEL 03-3868-3275

ISBN978-4-434-22945-9

107001